AF586408

FACTUM
CONCERNANT
LES DROITS DE JUSTICE
DU COMTE
DE SAINT TRIVIER.
CONTRE
LE PRESIDIAL DE BOURG EN BRESSE.

A PARIS;
Chez ALEXIS MESNIER, Libraire-Imprimeur, ruë Saint Severin, au Soleil d'or, ou en sa Boutique au Palais, Grande Salle, vis-à-vis la Cour des Aydes.

M. D. CC. XXVIII.

FACTUM SIGNIFIE

POUR Mre Louis César de Crémeaux, Chevalier Marquis d'Entragues; Comte de S. Trivier, & de Crémeaux, Colonel de Dragons, ancien Lieutenant Général de Bourgogne.

CONTRE Mrs les Officiers du Bailliage de Bresse, & Siége Présidial de Bourg.

IL y a plus d'un siecle que les Officiers du Bailliage & Présidial de Bourg troublent le repos de toute la Province, par leurs entreprises criminelles sur les Justices des Seigneurs, & par les vains efforts qu'ils ont fait jusqu'à présent pour dépouiller les Seigneurs des Terres de Marque, & de Dignitez, des droits les plus éminents & les plus considérables qui leur ont été nommément accordez par les Inféodations de leurs Terres & Justices.

Pendant tout le cours de la domination de la Maison Royale de Savoye, les Seigneurs hauts Justiciers de la Province ont paisiblement joüi de tous les droits, privileges, prééminences, & prérogatives portées dans les Inféodations de leurs Terres & Justices, sans avoir jamais reçû dans aucun cas que ce soit, le moindre trouble de la part des Officiers du Prince; parce que d'un côté les Ducs de Savoye n'ont jamais souffert que leurs Officiers entreprissent sur ceux des Seigneurs, & que d'un autre côté la Justice ordinaire du Prince établie dans la Ville de Bourg n'a jamais eu sous l'obéïssance des Ducs de Savoye aucune Jurisdiction, ni la moindre autorité sur les Justices Seigneuriales: C'est ce que l'on démontrera invinciblement dans la suite.

Comme la Cour de Savoye n'étoit pas composée de Ducs & Pairs, les Comtes & Marquis y ont tenu le premier rang, & en ont toûjours fait le principal ornement; lorsque les Ducs de Savoye ont erigé leurs Terres en Comtez & Marquisats dans la Province de Bresse; ils leur ont accordé les mêmes droits de Justice, les mêmes attributs, & les mêmes prééminences, que nos Rois ont attribué aux Duchés-Pairies en France.

Cela se reconnoît par toutes les Inféodations des Terres de Marque & de Dignitez de la Bresse par lesquelles les Ducs de Savoye leur ont accordé toute la Justice ordinaire & primitive qui leur apartenoit avec la concession du premier & du second degré de Jurisdiction, & ne se sont uniquement reservé que l'hommage, la Souveraineté, & le dernier ressort à leur Senat de Chambery.

Du nombre des Terres de Dignitez de la Province, est le Comté de Saint Trivier, que M. le Marquis d'Entragues tient de ses illustres Ancestres par droit de succession.

Depuis l'érection de cette grande Terre en Comté, les Ancestres de M. le Marquis d'Entragues, avant & depuis la réunion de la Bresse à la Couronne; & M. le Marquis d'Entragues lui-même, depuis qu'il en est possesseur, ont toûjours joüi de tous les droits de Justice qui lui ont été attribués, & notamment du second dégré de Jurisdiction.

On divisera le présent Factum en trois parties.

Dans la premiere, on rappelera les différens titres d'Inféodations du Comté de Sain Trivier, & des Terres qui en dépendent; ensemble les droits, prérogatives, & pouvoirs de Justice attribuez à cette Terre par les Ducs de Savoye Emmanuel Philibert, & Charles Emmanuel.

Dans la seconde, on démontrera que les Officiers du Bailliage & Présidial de Bourg n'ont aucune Jurisdiction sur le Comté de Saint Trivier, non plus que sur les autres Terres de Dignitez de la Province, & que le Présidial n'a d'autre droit que celui de connoître des appellations dans les cas Présidiaux, & au premier chef de l'Edit seulement.

Dans la troisiéme partie, on établira que le second dégré de Juridiction attribué au Comté de Saint Trivier, ainsi qu'aux autres Terres de Dignitez de la Province, ne sçauroit estre contesté ni recevoir la moindre atteinte, & on dissipera les prétextes également faux & illusoires dont les Officiers du Bailliage & Présidial, ont voulu colorer leur prétenduë Ordonnance du 20 Février 1727. qui est non-seulement nulle, par le défaut de pouvoir des Officiers qui ont eu la hardiesse & la temerité de la rendre; mais qui est directement attentatoire à l'autorité Royale, & aux Arrests du Conseil, & du Parlement de Dijon.

PREMIERE PARTIE.

Comme la contestation qui se présente à décider n'est pas uniquement personnelle à M. le Marquis d'Entragues; mais qu'elle regarde tous les Seigneurs hauts-Justiciers de la Province. On ne croit point devoir rappeller icy les differentes tentatives du Bailliage & Présidial de Bourg depuis plus d'un siecle pour envahir les principaux droits de Justice des Seigneurs. On se contentera, & il suffit de rappeller ce qui a occasioné la contestation présente, & la représentation des titres de Justice des Seigneurs pardevant M. l'Intendant.

M. le Comte de Montrevel & M. le Marquis de S. Martin s'étant pourvûs au Conseil pour demander d'estre maintenus & gardez dans tous les droits de Justice accordez à leurs Terres & Seigneuries, est intervenu sur leur Requeste, Arrest le 23 Mars 1725. portant qu'avant faire droit, ces deux Seigneurs représenteroient leurs Titres & Inféodations de leurs Justices pardevant M. l'Intendant de Bourgogne & Bresse pour après la communication qui en auroit été faite aux Officiers du Bailliage & Présidial de Bourg, estre par lui dressé procès verbal des dires & contestations des Parties, & icelui vû & rapporté avec son avis, estre par S M. ordonné ce qu'il appartiendra.

Messieurs les Officiers du Bailliage & Présidial, après avoir pris communication de ces titres respectables, & après avoir distribué deux gros Mémoires imprimés par lesquels ils se donnent la liberté de contester les droits de Justice les plus éminens portez dans les Inféodations de la Maison de la Baume-Montrevel, comme s'il étoit possible de contester des droits qu'il a plû au Souverain d'accorder : Ces Officiers reconnoissant que la cause étoit publique, & regardoit tous les autres Seigneurs, parce que toutes les Inféodations des Terres & Justices de la Province ont été faites par les mêmes Souverains, avec l'attribution des mêmes prérogatives; ont pris le parti par un troisiéme Mémoire ou Factum d'attaquer généralement tous les Seigneurs de la Province.

Comme ces Officiers ont toûjours regardé avec un œil de jalousie & de chagrin les droits & prérogatives attribués aux Terres de Marque, & principalement leur second dégré de Jurisdiction, comme étant un obstacle fatal à leur ambition & à leur avidité de vouloir s'arroger contre la volonté expresse du Souverain, la connoissance indéfinie de toutes les appellations des Justices Seigneuriales; parce que dans les cas non Présidiaux, ce seroit introduire quatre dégrés de Jurisdictions, au lieu qu'aux termes des inféodations des Justices Seigneuriales, & suivant la disposition littérale de l'Edit du mois de Novembre 1601. qui n'attribuë au Présidial de Bourg la connoissance des appellations, que dans les cas Présidiaux, & au premier chef de l'Edit seulement, il ne doit y avoir que trois dégrés de Juridiction. Ces Officiers ont crû que dans une cause déplorable & désesperée comme la leur, il falloit pousser les choses à la derniere extrémité, qui étoit de se rendre eux-mêmes Juges dans leur propre cause contre les Seigneurs.

Pour cet effet, ces Officiers sur le Requisitoire du Procureur du Roi de leur Siege se sont avisez de rendre une prétenduë Ordonnance le 1er Février 1727. par laquelle par un attentat dont il seroit impossible de rapporter le moindre exemple, ils se sont donné la liberté de faire deffenses aux Juges d'appels des Seigneurs hauts Justiciers, à l'exception de quatre Terres, qui sont le Comté de Montrevel, le Marquisat de Saint Martin, celui de Bagé, & celui de Miribel; de continuer les fonctions de Juges d'appel, à peine de faux.

On démontrera dans un instant d'une maniere invincible, que cette prétenduë Ordonnance est non-seulement nulle en elle-même par le défaut de pouvoir de la part des Officiers qui ont eu la témérité de la rendre; mais qu'elle est directement attentatoire à l'autorité Royale, & aux Arrests du Conseil & du Parlement de Dijon.

Cette prétenduë Ordonnances ayant esté signifiée à quelques Seigneurs, M. le Marquis de Beauffremont en qualité de Seigneur du Duché de Pont-de-Vaux, M. de Ferriol en qualité de Seigneur du Comté de Pont-de-Veille, & M. le Marquis d'Entragues en qualité de Comte de Saint Trivier se sont pourvûs au Parlement de Dijon, où ils ont à l'instant obtenu des Arrests qui ont permis aux Juges d'appels de leurs Terres de continuer leurs fonctions.

Dans ces circonstances; les Officiers du Bailliage & Présidial de Bourg se sont pourvûs au Conseil où ils ont présenté leur Requeste, par laquelle ils ont demandé qu'attendu que le Conseil étoit déja saisi de la même contestation, & que par cette raison ils ne pouvoient proceder au Parlement de Dijon, où quelques Seigneurs s'étoient pourvûs, il plût à SA MAJESTE, évoquer à Elle & à son Conseil. toutes les contestations.

Sur cette Requête, dont l'exposé est rempli de faits la plûpart contraires à la verité & d'autres absurdes, mais dont le motif étoit très-légitime & très-juste, puisque le Conseil étant saisi de la même contestation, il n'étoit ni raisonnable ni régulier que les Officiers du Bailliage & Présidial procedassent avec une partie des Seigneurs au Conseil, & avec d'autres au Parlement de Dijon, est intervenu Arrest le 21 Juillet

1727. portant que tous les Seigneurs hauts-Justiciers qui prétendent avoir les deux degrés de Jurisdiction, seront tenus de representer leurs Titres entre les mains de M. l'Intendant, pour après qu'il en aura donné communication ausdits Officiers, & pris leurs reponses, être par lui dressé Procès-verbal des dires & contestations des Parties, & icelui vû & rapporté, avec son Avis, être par Sa Majesté ordonné ce qu'il appartiendra, *toutes choses cependant demeurant en état.*

C'est pour satisfaire à cet Arrêt que M. le Marquis d'Entragues a remis entre les mains de M. l'Intendant ses Titres qui établissent son droit de double degré de Jurisdiction de même que tous ses autres droits de Justice.

Erection de la Terre, & Seigneurie de Saint Trivier en titre, & dignité de Comté.

Il faut d'abord observer, que la Terre de Saint Trivier est une des plus considerables de la Province, étant composé d'une Ville de huit grandes Paroisses qui dépendent de sa Justice, & de plus de quinze Fiefs ou arriere-Fiefs qui en relevent.

Cette grande Terre fut érigée en Comté par Emmanuel-Philibert Duc de Savoye le 8 Janvier 1575, en faveur de sa bien-amée cousine Dame Marie de Gondy, Comtesse de Pancallier, Gouvernante du Prince de Piedmont, lors épouse du Prince Claude de Savoye.

Cette inféodation est faite en partie à titre onereux de vente à prix d'argent, & en partie en reconnoissance des services de ladite Dame Marie de Gondy.

Les Lettres Patentes portent que le Duc Emmanuel-Philibert vend, céde, transporte, inféode perpetuellement par titre de vendition, cession, transport & inféodation pure, simple & irrevocable en faveur de ladite Dame Marie de Gondy, ce acceptante pour elle & les siens, ou tels que bon lui sembleroit en faveur d'iceux disposer, la Terre, Seigneurie, Juridiction, Territoire, Mandement, Domaines, Prez, Vignes, Dixmes, Moulins, Bois, Maison forte, le Château, & Ville dudit Saint Trivier, avec toutes ses appartenances & dépendances sans rien reserver.

Le Duc Emmanuel-Philibert accorde la Justice, haute, moyenne & basse. Le second degré de Jurisdiction il cedde & transmet à Marie de Gondy, & ses Successeurs à perpétuité toute la Jurisdiction ordinaire & primitive, & generalement tous les droits utiles & honorifiques, qui appartenoient à la Maison Royale de Savoye, dans la Ville, mandement, & dépendances de ladite Terre & Seigneurie de Saint Trivier, que le Prince érige en titre & dignité de Comté pour en joüir par ladite Dame Marie de Gondy Comtesse de Pancallier, & ses Successeurs à perpétuité, *ainsi que de leur propre bien & vrai patrimoine, avec les honneurs, prééminences, autorités, libertés, immunités, franchises, & droits à telles dignités appartenantes.*

Voicy la seule, & unique reserve que le Souverain fait, *à la charge toutefois que ladite Dame Comtesse de Pancallier nôtre cousine, & les siens perpetuellement seront tenus, & devront nous prêter foi & hommage, noble & lige de ladite Comté de Saint Trivier, Justices & autres droits seigneuriaux dépendans d'icelle,* ainsi que nos autres vassaux, ayant semblables dignités & Seigneuries, ont accoûtumé nous faire: *Sauf en tout & partout les fiefs & arriere-fiefs, & hommages de nobles y residents, & le droit de Souveraineté, Jugement & connoissance de toutes causes en dernier ressort, à nôtre Sénat de Savoye séant à Chambery.*

Enfin le Duc Emmanuel-Philibert déclare, que l'inféodation de ladite Terre est faite, tant en consideration des services de ladite Dame Comtesse de Pancallier, que pour, & moyennant la somme de 12500 écus pistolets de bon or, payée comptant par ladite Dame à son Altesse Royale de Savoye; ce qui aura dans la suite une application très-considerable.

En vertu & en execution de ces Lettres Patentes d'inféodation dûëment enregistrées en la Chambre des Comptes de Savoye, la Dame Comtesse de Pantcallier fut mise en possession de ladite Terre par le sieur Florentin de Tardy, Conseiller de Son Altesse de Savoye, Commissaire à ce député, en presence du Procureur Fiscal de la Bresse, & des Syndics & Habitans, tant de la Ville de Saint Trivier, que des Paroisses, Villages & hameaux qui en dépendent.

Le Procès-verbal de cette mise en possession que l'on a produit, est datté du 8 Mars 1575, il porte que la Dame Comtesse de Pantcallier est mise en possession réelle, actuelle, & corporelle de la Terre, Seigneurie, Justice & revenus de Saint Trivier, ses circonstances & dépendances pour en joüir en titre & dignité de Comté, le tout à la forme des Lettres d'inféodation de ladite Terre, & à la charge par ladite Dame. 1°. De contenir les Sujets de ladite Terre, sous la foi & Réligion Catholique, & sous l'obéïssance de Son Altesse. 2°. De faire administrer ausdits sujets bonne & briéve justice, & à cette fin de commettre par ladite Dame Juges Châtelains, & Officiers, gens de bien & de bonne fame, & renommée capables pour desservir lesdites Charges.

Il est fait injonction, & commandement à tous lesdits Sujets, à peine de 10000 l. d'amende, de reconnoître, obéïr & honorer ladite Dame Comtesse de Pantcallier, & ses successeurs à perpétuité, ses Officiers & Ministres, tout ainsi que bons, & vrais Sujets, sont tenus de droit & coutume, faire à leur Droiturier Seigneur médiat.

Comme les Lettres Patentes d'érection de la Terre de Saint Trivier en Comté, contenoient la reserve du reachapt des Fiefs nobles, & arriere-Fiefs; cette premiere inféodation a été suivie de trois autres qui contiennent la remise du droit de reachapt, & une nouvelle inféodation des Fiefs nobles & arriere-Fiefs.

La premiere de ces trois nouvelles inféodations est du 16 Décembre 1575, par laquelle le même Duc Emmanuel-Philibert confirme, & approuve l'inféodation du Comté de Saint Trivier, & en tant que de besoin, vend & inféode de nouveau ladite Terre & la plus-valuë d'icelle en faveur de ladite Dame Marie de Gondy, moyennant la vente & cession faite par ladite Dame au profit de Son Altesse de Savoye, d un Palais magnifiquement bâti, appartenant à ladite Dame, estimé dix mil écus d'or, & attenant le Palais de Son Altesse.

Cette inféodation a été vérifiée au Sénat, & en la Chambre des Comptes de Savoye le 10 Février 1576.

La deuxiéme est dattée du 23 Janvier 1582. Le Duc de Savoye, Charles Emmanuel confirme l'inféodation du Comté de Saint Trivier, faite par le Duc Emmanuel-Philibert son pere, & il déclare qu'il inféode encore la plus-value dudit Comté en faveur de Charles Maximilien de Grillet son Chambellan fils de la Dame Marie de Gondy moyennant une somme de 7500 écus d'or, que le Prince déclare vouloir employer pour l'échange du Comté de Tende, & Seigneurie de Marro; les Lettres Patentes de cette inféodation ont été vérifiées en la Chambre des Comptes de Savoye le 10 Mars 1582.

La derniere inféodation est du cinq Juillet 1583. Le même Duc Charles-Emmanuel, pour reconnoître les importans services que lui avoit rendu la Dame Comtesse de Pontcallier au gouvernement de sa personne, & ceux que lui rendoit journellement Charles-Maximilien de Grillet fils de ladite Dame, & son Chambellan près de sa personne, & dans son Conseil, déclare qu'il inféode de l'avis de son Conseil ladite Terre, Comté & Seigneurie de Saint Trivier, avec toutes Juridictions, les Fiefs & arrieres-Fiefs, & tout ce qu'il s'étoit reservé, ainsi que le Duc Emmanuel Philibert son pere par les précedentes Inféodations, & par exprès la plus valûë dudit Comté le droit de réachat, & la Forest de Chamandray sans faire aucune réserve, ny rien retenir fors & excepté la Souveraineté, l'hommage & le dernier ressort des appellations de la Justice dudit Comté à son Sénat de Savoye séant à Chambery.

Les Lettres Patentes de cette Inféodation ont été dûëment enregistrées en la Chambre des Comptes de Savoye à laquelle elles étoient adressées, l'Arrest d'enregistrement est du 20 Novembre de la même année 1583.

On a observé cy-devant que M. le Marquis d'Entragues tient le Comté de Saint Trivier de ses illustres Ancêtres. Il faut le prouver sommairement pour dissiper la frivole objection faite par le Présidial, que de toutes les anciennes & illustres Maisons en faveur desquelles les Ducs de Savoye avoient érigé les Terres de Dignitez, & accordé de si grandes prérogatives étoient éteintes à la réserve de la Maison de la Baume-Montrevel.

Nicolas de Grillet Baron de Pommiers & du Bessey, épousa en secondes Nôces Marie de Gondy, lors Dame d'honneur de Mesdames Isabeau & Claude, Filles de France, & Sœur d'Albert de Gondy, Duc de Retz, Pair & Maréchal de France, & de Pierre de Gondy, Cardinal, Evêque de Paris.

Ce mariage fut celebré au Château de Blois le 19 Juillet 1551. par l'Archevêque de Glasco en présence de Monseigneur le Dauphin, de Mesdames de France ses Sœurs, & de Madame la Dauphine, Reine d'Ecosse.

Après la mort de Nicolas de Grillet arrivée au mois de Juin 1557. Marie de Gondy fut appellée en Piémont auprès de Marguerite de France Duchesse de Savoye pour estre sa premiere Dame d'honneur; ensuite elle fut établie Gouvernante de la Personne, & Maison de Charles-Emmanuel Prince de Piémont, depuis Duc de Savoye; elle épousa en secondes Nôces Claude de Savoye, Comte de Pancallier, dont elle n'eut aucuns enfans, mais elle en eut plusieurs de son premier Mariage avec Mre Nicolas de Grillet, & entr'autres Philippes & Charles Maximilien de Grillet.

Après la mort de Marie de Gondy premiere Comtesse de saint Trivier, Philippe de Grillet son fils aîné Gentil-homme de la Chambre du Roi, Chambellan du Duc de Savoye, obtint de son Altesse l'investiture du Comté de saint Trivier, le 16 May 1580 : mais étant mort garçon le 17 Juillet 1581. Le Comté de saint Trivier passa à Charles-Maximilien de Grillet son frere, premier Chambellan de son Altesse de Savoye, son grand Veneur & Capitaine de cinquante Hommes d'armes des ordonnances de France, en faveur duquel & en reconnoissance de ses services le Duc Charles Emanuël accorda les deux Inféodations des 23 Janvier 1582, & 5 Juillet 1583, que l'on vient de raporter

Maximilien de Grillet épousa le dernier Septembre 1582, Anne de-la-Baume, fille de François de-la-Baume Comte de Montrevel, Gouverneur de Savoye & des Provinces de Bresse, Bugey, Gex, & Valromey.

De ce mariage sont issus plusieurs enfants, & entre autres Charles Emanuël, & Albert de Grillet, qui ont été successivement Comtes de saint Trivier : Le premier mort sans enfans, & le second n'ayant laissé qu'une fille de Peronelle-Claude d'Albon son Epouse : Le Comté de S. Trivier fut dévolu à Peronne de Grillet, fille de Charles Maximilien, suivant la disposition Testamentaire de Marie de Gondy.

Peronne de Grillet, Dame d'honneur de Chrétienne de France Duchesse de Savoye, fut mariée à Thurin le 16 Décembre 1622, à Messire Guillaume de Cremeaux de-saint Simphorien, Seigneur desdits lieux & de Chamoset, Marquis d'Entragues, Capitaine de la Compagnie de deux cent hommes d'armes de son Altesse Royale de Savoye entretenuë en France; auquel elle apporta entre autres biens en Dot le Comté de saint Trivier, duquel mariage sont issus plusieurs enfans & entre autres Messire Victor-Amedé de Crémeau, ayeul de M. le Marquis d'Entragues, qui a reciülli la Terre & Comté de saint Trivier, parmi les biens de la Succession de M son Pere: ensorte qu'il est avec la maison de la Baume Montrevel & celle de Saux-Tavannes; du nombre de ces anciennes & illustres maisons, en faveur desquelles les Ducs de Savoïe ont érigé les Terres de dignité de la Province aux quelles ils ont accordé les Droits & Prérogatives que le Bailliage & Présidial de Bourg régarde aujourd'hui avec tant de jalousie & de chagrin.

Rappellons à present les Droits & prérogatives accordés à la Terre de saint Trivier par les quatre Inféodations ci-dessus

1°. Les Ducs Emmanuël Philibert & Charles Emmanuël, ont érigé cette Terre en Titre & dignité de Comté, avec attribution des mêmes honneurs, droits, autoritez & preéminences qu'aux autres Comtez & Marquisats de la Province & des Etats de Savoïe.

2o. Ils ont cedé & transmis à leur bien Amée cousine, Dame Marie de Gondi Comtesse de Pancalier. & Messire Charles Maximilien de Grillet son fils & leurs Successeurs mâles & femelles à perpetuité la Justice haute, moïenne & basse du Comté de saint Trivier leur Jurisdiction ordinaire, & primitive, & géneralement tous les droits de Justice qui apartenoient à la maison de Savoïe.

3°. Ils ont accordé à cette Terre le second dégré de Jurisdiction.

4°. Par les trois dernieres Infeodations, ils ont Infeodé les Fiefs Nobles, & arrieres-Fiefs, dont ils avoient fait une reserve par les Lettres d'érection de cette Terre en Comté.

4°. La concession de la Justice est si universelle, & si absoluë qu'elle ne contient d'autre réserve que l'hommage, la souveraineté & le dernier Ressort immédiat des appellations du Juge d'appel de saint Trivier au Senat de Chamberi.

5°. Toutes ces Inféodations n'ont pas simplement été faites en reconnoissance des services rendus à leurs Altesses de Savoye par Marie de Gondy, & Charles Maximilien de Grillet son Fils; mais elles sont faites à titre onereux de vente & moyennant trente mil écus d'or que les Duc Emmanuel Philibert, & Charles-Emmanuel ont reçû.

Or, par l'article 12 du Traité de Paix contenant la réünion de la Bresse à la Couronne du 17 Janvier 1601. le Roi s'est soûmis & obligé solemnellement d'entretenir les alienations faites par les Ducs de Savoye à titre onereux; ensorte que le Roi se trouve aujourd'huy le propre garand formel de M. le Marquis d'Entragues, pour raison de tous les droits de Justice, honneurs, autoritez, préeminences & prérogatives portées dans les quatre infeodations à Titre onereux du Comté de Saint-Trivier.

6°. M. le Marquis d'Entragues, tant par lui, que par ses Ancêtres, se trouve fondé dans une possession de plus de 150 années, tant avant que depuis la réunion de la Bresse à la Couronne; ce qui seul seroit plus que suffisant pour faire réprimer les entreprises, l'ambition & l'avidité des Officiers du Bailliage & Presidial de Bourg, qui pour dépoüiller les Justices des Seigneurs des Droits les plus considerables, & les plus éminents, veulent s'arroger un Droit de ressort, de superiorité, & de Jurisdiction ; que leur Tribunal n'a jamais eu sous l'obéissance des Ducs de Savoye, & que le Traité de Réunion de la Bresse à la Couronne ne leur a point attribué ; c'est ce qui fera la matiere de la seconde Partie du present Factum.

SECONDE PARTIE.

Que le Bailliage de Bresse n'a aucune Jurisdiction sur le Comté de Saint Trivier, non-plus que sur les autres Terres de Dignitez.

Et que le Presidial de Bourg n'a d'autre droit que celui de connoître des Appellations dans les cas Prèsidiaux, & au premier Chef de l'Edit seulement

Sous la domination des Ducs de Savoye leur Justice ordinaire établie dans la Ville de Bourg, étoit composée d'un Juge-Mage, d'un Avocat, & d'un Procureur Fiscal.

Ce Tribunal qui est aujourd'hui representé par le Bailliage & le Presidial, n'étoit point Juge de Ressort, il n'estoit que Juge du Territoire du Domaine du Prince ; & sa Jurisdiction étoit de même espece & qualité que celles des Seigneurs hauts-Justiciers, ces differentes Jurisdictions ressortissantes toutes également au même Tribunal ; & voicy ce qui s'est passé sous l'obéissance des Ducs de Savoye.

Avant l'établissement du Senat à Chambery, les anciens Comtes & Ducs de Savoye déleguoient & commettoient un Magistrat qu'ils établissoient Juge général de toutes les appellations de la Province ; il faisoit sa résidence dans la Ville de Bourg, où il avoit son Siege ; & c'étoit par-devant luy que se relevoient les appellations, tant des Sentences du Juge-Mage, c'est-à-dire du Juge ordinaire du Prince, que des Sentences des Juges d'appels des Seigneurs ; en sorte qu'à remonter jusqu'à la premiere origine, on voit que les Comtes & Ducs de Savoye n'ont attribué à leur Juge-Mage établi à Bourg, aucune autorité, ni aucune Jurisdiction sur les Justices des Seigneurs, ayant le second degré de Jurisdiction.

La raison en est manifeste ; c'est que dans toutes les érections des Terres de marque & de Dignitez, & dans les infeodations des Justices de ces Terres, les Souverains de Savoye ont transmis toute la Jurisdiction ordinaire & primitive, & tous les Droits qui leur appartenoient sans aucune exception, & ne se sont uniquement réservez, que la Souveraineté, l'hommage, & le dernier Ressort qui est la seule & veritable marque de la Seigneurie publique & souveraine.

Depuis l'établissement du Senat de Savoye à Chambery, les appellations des Juges d'appels des Seigneurs y ont toûjours été portées directement & immediatement ; & toutes les infeodations faites depuis cet établissement contiennent la réserve de la Souveraineté & du dernier Ressort au Senat de Chambery.

Il doit donc demeurer pour constant que pendant tout le cours de la domination de la Maison Royale de Savoye, jamais leur Justice ordinaire n'a eû la moindre Jurisdiction ny la moindre autorité sur les Justices des Seigneurs, parce que par les infeodations de ces Justices, les Souverains de Savoye ne les ont point soûmises à leur Justice ordinaire, dont ils les ont au contraire affranchies, en ne se réservant sur les Terres & Justices infeodées, que l'hommage & le dernier ressort pour marque de leur Souveraineté, & en donnant à ces Justices le même ressort qu'à leur Justice ordinaire.

Aussi M. le Président Faure ce celebre Jurisconsulte, qui a été si long-temps Juge Mage Ducal à Bourg, & qui l'étoit lors de la réünion de la Bresse à la Couronne en parlant des Justices Seigneuriales de la Bresse dit dans sa diffinition premiere

miere Livre 7. Chapitre 15. que les Vassaux en vertu de leurs infeodations anciennes ou nouvelles ont une Jurisdiction, qui leur est entierement propre, & qui est totalement distincte & separé de la Justice ordinaire du Prince, *habent enim apud nos Vassalli fere omnes Jurisdictionem propriam, á Jurisdictione Principis ex infeudationibus antiquis, aut novis penitus distinctam, licet á Principe tanquam á fonte suo proffectam.*

Or par qu'elle raison M. le Président Faure, qui avoit si long-temps exercé la Justice ordinaire du Prince dans la Bresse, dit-il, que presque tous les Vassaux ont une Jurisdiction, qui leur est entierement propre, & totalement distincte de la Justice du Prince, quoique émanée du Prince comme de sa source : c'est parce que les Souverains de Savoye dans les infeodations des Justices Seigneuriales ont aliené & concedé toute la Justice ordinaire, & primitive qui leur appartenoit dans les Territoires par eux infeodez, & ne se sont uniquement reservé que le dernier ressort pour marque de leur Seigneurie publique, & Souveraine.

Ces termes de M. Faure *ex infeudationibus antiquis, aut novis*, en vertu de leurs infeodations anciennes ou nouvelles, sont infiniment importants à remarquer : M. Faure rend témoignage, & instruit le Public qu'à remonter jusques à la premiere origine, les Souverains de Savoye ne se sont jamais reservé sur les Justices par eux infeodées, que la Souveraineté & le dernier ressort qui en est la marque, sans avoir jamais, soit par les anciennes, soit par les nouvelles infeodations assujetti les Justices Seigneuriales à leur Jurisdiction ordinaire exercée par leurs Juges-Mages.

Aussi il n'y a qu'à lire toutes les infeodations annciennes ; ou nouvelles, c'est-à-dire celles qui ont précedé l'établissement du Senat de Chambery, & celles qui lui sont posterieures, & on n'en trouvera absolument aucune par laquelle les Souverains de Savoye ayent assujetit une seule Justice Seigneuriale au Tribunal de leurs Juges-Mages établi dans la Ville de Bourg.

Comment une Justice est-elle assujettie, & subordonnée à une autre ; ce n'est uniquement & ne peut estre que par le moyen du ressort.

Or il est constant, & c'est un point de fait dont les Officiers du Baillage & Présidial de Bourg conviennent, parce qu'ils ne peuvent le nier, que par toutes les infeodations des Justices Seigeuriales, les Souverains de Savoye ne leur ont jamais donné pour ressort le Tribunal de leurs Juges-Mages établi à Bourg.

Estant donc constant que les Juges Mages de Savoye n'étoient point Juges du ressort des Justices Seigneuriales, il s'ensuit par une consequence necessaire qu'ils n'avoient aucune autorité ny aucune Jurisdiction sur les Justices des Seigneurs ? Car on le repete, il n'y a que le ressort qui attribue l'autorité, & la Jurisdiction à une Justice sur une autre.

Il ne reste plus à présent qu'à prouver que le changement de domination n'a point attribué au Baillage de Bresse, ny une Jurisdiction plus étenduë, que celle qu'il avoit sous la domination de la Maison de Savoye, ny la moindre autorité sur les Justices des Seigneurs, & que l'établissement du Siege Presidial dans la Ville de Bourg, n'a attribué aux Officiers qui le composent, que le seul pouvoir de juger en dernier Ressort les cas Presidiaux, & au premier Chef de l'Edit seulement.

1°. Le Traité d'échange de la Bresse & du Bugey, pour le Marquisat de Saluces, ne contient aucun changement, ny aucune novation, directement ny indirectement aux infeodations des Seigneurs, le Duc de Savoye cede ces deux Provinces avec les Seigneuries & Justices qui sont acceptées par le Roy Henry le Grand, dans l'état qu'elles étoient, sans y rien innover.

2°. Dès l'instant de la réunion de la Bresse & du Bugey à la Couronne, le Roy jugea à propos de changer le nom du Tribunal que les Ducs de Savoye avoient établi dans la Ville du Bourg ; il créa au lieu du Juge-Mage Ducal, de l'Avocat, & du Procureur Fiscal, un Baillif & son Lieutenant, un Avocat, & un Procureur du Roy.

3°. Comme le Tribunal & les Juges qui le composoient ne faisoient que changer de noms, ils n'acquirent rien par le changement de domination, parce que le Roy n'augmenta point ny son Territoire, ny son pouvoir, & qu'il n'attribua au Bailliage, qu'il subsistituoit au lieu & place du Juge-Mage, que la même Jurisdiction, le même pouvoir, & la connoissance des mêmes Affaires qui appartenoient aux Juges-Mages Ducaux, sous les Ducs de Savoye.

C'est ce qui est expressément porté par l'une des deux Declarations ou Edits du mois de Novembre de la même année 1601. qui porte en ces termes : *Et connoistra de même nôtre Baillif de Bourg, ou son Lieutenant, en ce qui est de son établissement & ressort des mêmes causes en premiere Instance, que par appel, ou autrement, appartenoient au Juge-Mage cy-devant établi au même Siege de Bourg, au lieu duquel a été créé par nous un Baillif.* Ainsi vray de dire que le Bailliage de Bourg n'a que la même Jurisdiction qu'avoient les Juges-Mages de Savoye, qui n'avoient aucun pouvoir ny aucune autorité sur les Justices des Seigneurs.

4°. Bien loin que le changement de domination ait donné la moindre atteinte aux droits de Justice des Seigneurs, le Roy par la même Déclaration, ou Edit cy-dessus donné en faveur de la Noblesse, confirme, approuve & autorise toutes les infeodations & érections de Justices & Jurisdictions en Titres de Bannerets, Barons, Vicomtes, Comtes & Marquis, lesquelles il veut sortir effet, & être de la même force & vertu sous son obéïssance, qu'elles étoient avant la soûmission de ladite Noblesse en sa puissance.

Le Roy confirme le second degré de Jurisdiction des Seigneurs, & déclare qu'il veut que leurs Juges, tant de premiere Instance, que d'appel, ayent la même connoissance des matieres, tant civiles, que criminelles, qu'ils avoient auparavant sous l'obéïssance du Duc de Savoye. Voicy comme le Souverain s'explique :

Et afin qu'il ne soit fait aucun préjudice aux droits, facultez & pouvoirs de Justice attribuez aux Marquis, Comtes, Vicomtes, Barons & Bannerets, & notamment que les degrez de Jurisdiction, tant en premiere, que seconde Instance, leur soient conservez, Nous avons ordonné & ordonnons que les Ecclesiastiques Nobles, & autres Sujets, tant en notre Pays de Bresse, que de Bugey & Verromey ne seront tirez hors de leurs Bailliages & Jurisdictions ordinaires & accoûtumées en premiere Instance; & outre ce *que les Juges, tant de premiere Instance, que d'appel desdits Marquis & Comtes, auront la même connoissance des matieres, tant civiles, que criminelles, qu'ils avoient auparavant, & en jugent soit en premiere ou seconde Instance, ainsi & comme ils faisoient sous l'obéïssance de nôtre Frere le Duc de Savoye.*

C'est immediatement après ces termes que le Roy déclare que le Baillif de Bourg, ou son Lieutenant, connoîtra en ce qui est de son établissement & ressort des mêmes causes qui appartenoient aux Juges-Mages de Savoye, auparavant établis au même Siege de Bourg.

Cette Loy qui a été faite pour servir de Reglement entre la Justice Royale, & les Justices Seigneuriales de la Province, n'a pas besoin de Commentaire. Le Roy veut qu'il ne soit fait aucun préjudice aux droits, facultez & pouvoirs de Justice attribuez aux Seigneurs ; il confirme toutes leurs infeodations, leur second degré de Jurisdiction, & veut que leurs Juges, tant de premiere Instance, que d'appel, connoiſſent des mêmes cauſes,affaires & matieres], tant civiles, que criminelles, qu'ils avoient auparavant ſous l'obéiſſance des Ducs de Savoye; il n'attribuë au Bailliage qu'il ſubſtituë au lieu & place du Tribunal du Juge-Mage, que la connoiſſance des mêmes Affaires qui appartenoient aux Juges-Mages de Savoye; il n'augmente ny ſon Territoire ny ſon pouvoir; il ne lui attribuë aucune autorité ni aucune Juriſdiction ſur les Juſtices des Seigneurs, qu'il confirme & autoriſe pour avoir la même force & vertu, & ſortir le même effet ſous la domination de la France, que ſous celle des Ducs de Savoye.

Il doit donc demeurer pour conſtant que comme ſous la Domination de Savoye, les Juſtices des Seigneurs n'étoient point ſoumiſes & ſubordonnées au Tribunal de Juge Mage établi à Bourg; de même, ſous la domination de la France, elles ne peuvent point être ſoûmiſes & ſubordonnées au Tribunal du Bailliage, puiſque le Souverain lors de la réunion de la Breſſe & du Bugey à la Couronne, en ſubſtituant le Bailliage au lieu & place des Juges Mages Ducaux de Savoye, ne lui a attribué que la même Juridiction, & le même pouvoir qu'avoient les Juges Mages, Ducaux, & qu'il ne l'a point établi Juge de reſſort des Juſtices Seigneuriales.

5°. Il ne reſte plus que l'établiſſement du Siege Préſidial créé dans la Ville de Bourg par Edit du mois de Juillet 1601. à l'*inſtar* des autres Préſidiaux du Royaume à la faveur duquel les Officiers qui le compoſent, prétendent aujourd'hui s'arroger toute Juriſdiction & la connoiſſance indéfinie de toutes les appellations des Juſtices Seigneuriales pour eſtre jugées en leur Siége préſidialement ou bailliagement ſuivant l'exigence des cas.

Mais cette prétention eſt également abſurde & inſoûtenable. 1°. Parce que les Officiers du Préſidial ne peuvent prétendre que la ſeule faculté de juger en dernier reſſort les cas préſidiaux, & au premier chef de l'Edit ſeulement. 2°. Parce que les appellations des Juſtices Seigneuriales ne peuvent point être relevées au Bailliage, ces deux propoſitions ſont très faciles à établir.

PREMIERE PROPOSITION.

Comme l'établiſſement d'un Siége Préſidial dans la Ville de Bourg pouvoit donner lieu à des conteſtations entre les Officiers Royaux; & ceux des Seigneurs, attendu que l'Edit de création du Preſidial portoit que les appellations des Bailliages & Juriſdictions du Pays de Breſſe reſſortiroient audit Siege, & que par les infeodations des Juſtices Seigneuriales les Souverains ne ſe ſont reſervez que le dernier Reſſort.

Le Roy Henry le Grand rendit à ce ſujet ſon Edit ou Déclaration au mois de Novembre de la même année 1601. dûëment regiſtré au Parlement de Dijon, qui regle la Juriſdiction qu'il attribuë au Preſidial, & fixe ſon droit de Reſſort ſur les Juſtices Seigneuriales, aux ſeuls cas Preſidiaux, & au premier chef de l'Edit ſeulement.

Cette Declaration ou Edit contient differentes diſpoſitions, qu'il eſt neceſſaire de rapporter.

1°. Le Roy déclare que c'eſt pour réſoudre toutes les difficultez qui pourroient naître en l'interpretation de l'Edit d'établiſſement du Siege Preſidial à Bourg.

2°. Le Roy déclare qu'il a créé & ordonne un Lieutenant Général Civil & Criminel du Bailliage, & un Siege Preſidial, compoſé d'un Preſident, joint à l'état ſuſdit de Lieutenant, & autres Officiers, pour rendre la Juſtice à ſes Sujets chacun, *en premiere & ſeconde Inſtance*, ſelon qu'à eux appartient, & ſe faiſoit avant la ceſſion deſdits Pays, réservant seulement audit Siege Presidial les appellations attribuées en cas des Ordonnances.

3°. Le Roy déclare qu'en établissant un Siege Presidial dans la Ville de Bourg, il n'entendoit en ce faisant, rien diminuer des droits, prérogatives, pouvoirs & autoritez attribuez aux Marquisats, Comtez, Baronies, Châtellenies & autres Dignitez & Seigneuries de la Province : *Ains voulons* (porte l'Edit) *statuons, ordonnons & nous plaist, que leurs Droits de Justice leur demeurent entiers, libres & paisibles, ainsi qu'ils faisoient bien & dûëment par le passé, notamment pour les degrez de leurs Jurisdictions, tant de premiere Instance, que d'appel, ausquelles nous avons continué & continuons le pouvoir & faculté de connoître de toutes telles Causes, Affaires & matieres qui leur ont esté concedées, & dont ils jouissoient lors dudit Traité de Paix.*

Enfin, pour ôter aux Officiers du Presidial tout prétexte de pouvoir entreprendre dans la suite sur les Justices des Seigneurs & d'étendre la Jurisdiction à eux attribuée au delà de ses bornes, Sa Majesté regle & fixe le seul & unique cas où les appellations des Justices Seigneuriales ressortiront au Siege Presidial, qui est dans les matieres qui y pourront être jugées en dernier ressort, ainsi qu'au Parlement, c'est-à-dire au premier Chef de l'Edit seulement. Voicy comme le Souverain s'explique :

Et toutesfois combien que ci devant les appellations interjettées des Juges d'appel desdits Marquis, Comtes, ou autres Seigneurs qui sont en possession dudit second degré de Jurisdiction, eussent par grace & privilege particulier, accoûtumé d'estre relevées directement au Souverain Sénat de Chambery, au lieu duquel depuis ledit Traité de Paix, Nous avons préposé pour Juges Souverains de nos Sujets desdits Pays, nôtre Cour de Parlement établie à Dijon, à laquelle ce faisant l'on pourroit prétendre icelles appellations devoir ressortir.

Voulant *neanmoins au soulagement de nos Sujets la Justice leur être souverainement, & avec les moindres frais & dépenses renduës & distribuées.* Nous avons *expressément de nôtre certaine science, pleine puissance & autorité Royale, statué & ordonné, statuons & ordonnons, que pour l'avenir toutes & chacunes les appellations desdits Juges d'appels qui se souloient relever au Souverain Senat de Chambery, & qui par conséquent pourroient être tirées en nôtredite Cour de Parlement, seront, & les avons renvoyées en nôtredit Siege Presidial pour quelque matiere que ce soit,* pourvû *qu'elles s'y puissent terminer diffinitivement, ainsi qu'en nôtre Cour de Parlement,* & qu'elles n'excedent *les cas dont Nous avons attribué par nos Ordonnances la Jurisdiction absoluë & diffinitive à nôtredit Siege Presidial de Bourg, ainsi qu'aux autres Sieges Presidiaux de nôtre Royaume.*

Or dès le moment que par ce dernier Edit, qui par son enregistrement est devenu une Loy publique & invariable, le Souverain a déclaré que par l'établissement du Presidial à Bourg, il n'entendoit diminuer en rien les Droits, Privileges & pouvoirs de Justice attribuez aux Comtez, Marquisats, & autres Seigneuries de la Province ; qu'il vouloit au contraire que tous leurs Droits leur demeurassent entiers, libres & paisibles, & qu'il n'a attribué audit Siege Presidial d'autre pouvoir & Jurisdiction que le ressort des appellations des Justices Seigneuriales dans les cas Presidiaux, & au premier Chef de l'Edit seulement, il s'ensuit par une consequence necessaire que les Officiers du Présidial ne peuvent prétendre d'autre droit que le pouvoir de juger en dernier ressort les cas & affaires des Presidiaux, & que dans tous les autres cas, affaires & matieres, il est sans pouvoir, sans autorité, & sans aucune Jurisdiction.

SECONDE

SECONDE PROPOSITION.

Entreprendre d'établir que les appellations des Justices Seigneuriales, ne peuvent jamais être portées au Bailliage, c'est vouloir prouver le jour en plein midy.

Aussi on se contentera de rappeller les observations ci-devant faites. 1°. Que lors de la réunion de la Bresse à la Couronne; le Roi en créant un Bailliage ne lui a attribué que le même pouvoir, la même Jurisdiction, & la connoissance des mêmes affaires qui appartenoient aux Juges-mages-Ducaux de Savoye. 2°, que le Roi non seulement par le Traité de Paix, mais par deux Edits duëment enregistrez a précisément maintenu & gardé les Seigneurs, dans tous leurs droits & pouvoirs de Juistice portée dans leurs Inféodations, dont un des principaux, ou pour mieux dire le plus éminent est celui que leurs Jurisdictions ne sont point & n'ont jamais été assujetties à la Justice ordinaire du Prince. 3°. Que le Roi en créant le Bailliage, ne l'a point établi en façon quelconque Juge de Ressort des Justices des Seigneurs, cette derniere observation suffisoit, parce que le Bailliage, non plus que tout autre Tribunal ne peut pretendre d'autres droits & d'autres Jurisdictions que celle que le Souverain lui a accordé en l'établissant.

Que ce Bailliage par sa création, n'a point été établi Juge de Ressort des Justices Seigneuriales ce point de fait ne sçauroit être contesté.

1.° Bien loin que le Roi, en créant le Bailliage, l'ait établi Juge de Ressort des Seigneurs; il a au contraire déclaré qu'il ne lui accordoit que le même pouvoir, & la même Jurisdiction qu'avoient les Juges-mages-Ducaux de Savoye, qui n'ont jamais eû aucun pouvoir, ni aucune autorité sur les Justices des Seigneurs.

2°. Le Roi, par son Edit cy dessus donné en interprétation de celui de création du Présidial, declare qu'il a crée un Bailliage & un Présidial pour rendre la Justice, chacuns en premiere & seconde instance, selon qu'à eux apartenoit & se faisoit *avant la cession desdits Pays;* reservant seulement au Présidial la connoissance des cas Présidiaux: ce qui demontre par conséquent d'une maniere évidente, que le Roi n'a rien voulu innover, puisqu'il le declare en termes exprès; & qu'il n'a point attribué ni entendu attribuer au Bailliage d'autre pouvoir; ni une Jurisdiction plus étenduë que celle des Juges-mages-Ducaux de Savoye, puisqu'il déclare formellement qu'il n'a établi les Officiers du Bailliage & du Présidial, que pour rendre la Justice selon que cela se faisoit avant la cession dudit Pays: par consequent point de novation & point d'attribution de jurisdiction & de Ressort sur les Justices Seigneuriales: c'est là Declaration que le Roi réitere encore quelques lignes après, en faveur des Seigneurs: *& soit l'administration faite ainsi qu'ils faisoient bien & duëment par le passé.*

3°. Le Roi, par deux dispositions particulieres declare en termes précis qu'il n'attribuë au Présidial la connoissance des Appellations des Justices Seigneuriales que dans les seuls cas Présidiaux, & au premier chef de l'Edit seulement.

Or si le Présidial superieur au Bailliage, n'a le Ressort & la Jurisdiction sur les Justices des Seigneurs que dans les matieres, & affaires au premier chef de l'Edit; comment le Bailliage pourroit-il s'arroger, & pretendre la connoissance des appellations des Juges des Seigneurs, lesquels n'étant point soumis dans les cas non Présidiaux & au premier chef de l'Edit, à la Jurisdictiou du Présidial, comment le pourroient-ils être à celle du Bailliage. *Si vinco vincentem te à fortiori te vinco;* Mais c'est en trop dire, puisqu'il suffit que le Roi en créant le Bailliage, & le substituant au lieu & place du Tribunal des Juges-mages de Savoye, ne l'ait point établi

Juge de Ressort des Justices Seigneuriales aux quelles il a conservé, & continué les mêmes droits, preéminences & pouvoirs de Justice à eux attribuez par les Souverains de Savoye pour en jouir sous la domination de la France de la même maniere qu'ils faisoient sous l'obéissance de la Maison Royale de Savoye.

De toutes les observations précedentes, il resulte d'une maniere invincible, que le Roi en réunissant la Bresse & le Bugey à la Couronne, & en créant le Baillage & le Présidial de Bresse, n'a attribué aux Officiers qui le composent d'autre pouvoir & d'autre Jurisdiction sur les Justices Seigneuriales, que la connoissance des appellations dans les cas Présidiaux, & au premier chef de l'Edit uniquement, *& ayant creé & ordonné un Lieutenant Général de nôtre Baillif de Bresse, & un Siége Présidial pour rendre la Justice à nos Sujets chacun en premiere, & seconde instance selon qu'à eux appartient, & se faisoit avant la cession desdits Païs*, reservant seulement *audit Siége Présidial les appellations interjettées des Juges d'appel desdits Marquis Comtes, & autres joüissants dudit second degré de Jurisdiction, en ce qui est du pouvoir absolu dudit Siége Présidial, & qui n'excedera les sommes dont il peut difinitivement juger & decider suivant nos Ordonnances.*

Voilà la loi telle que le Souverain l'a prescritte tant à ses propres Officiers, qu'à ceux des Seigneurs, il faut de necessité que les uns, & les autres l'executtent respectivement, & c'est de son exacte observation que dépend le salut, & le repos de toute la Province.

TROISIE'ME PARTIE.

Concernant le second degré de Jurisdiction.

Ce droit éminent de Justice qui avec le droit de ressort immediat au Parlement de Dijon fait la plus grande décoration des Terres de dignitez, & qui les distingue des autres vient d'être suffisamment établi, puisque d'un côté le Souverain en alienant la Justice ordinaire & primitive de la Seigneurie de Saint Trivier, & en érigeant cette Terre en Comté lui a précisement attribué, ainsi qu'aux autres Comtez & Marquisats de la Province, le second degré de Jurisdiction avec le ressort immediat au Senat de Chambery, & que d'un autre côté le Roy Henry le Grand en réunissant la Bresse & le Bugey à la Couronne a expressement continué & conservé à tous les Seigneurs tous les droits privileges préminences, & pouvoirs de Justices à eux attribuez par les Ducs de Savoye, & singulierement leur second degré de Jurisdiction, à quoy il faut ajoûter que par l'Article 12. du Traité de paix conclu à Lyon le 17. Janvier 16c1. le Roy s'étant obligé d'entretenir les aliénations à Titre onereux faites par le Duc de Savoye; Sa Majesté est le propre garand formel de M. le Marquis d'Entragues, & en cette qualité de plein droit tenuë de maintenir & conserver tous les droits de Justice attribuez au Comté de Saint Trivier dont l'aliénation & infeodation est à Titre onereux moyennant trente mille Ecus d'or, que les Ducs de Savoye Emmanuel Philiber, & Charles Emmanuel ont reçûs des ancêtres de M. le Marquis d'Entragues.

Expliquons à present les prétextes du Baillage, & Présidial pour contester un droit de Justice si solidement établi, de ces prétextes absurdes, & illusoires, les uns sont generaux, & les autres particuliers à quelques Seigneurs, on commence par les Généraux, qui sont expliquez dans les requisitoires du Procureur du Roy sur lequel est intervenuë la prétenduë Ordonnance du 20. Février 1727. portant défenses aux Juges d'appels de la Province, à l'exception de quatre Terres de continuer leurs fonctions, lesquels se reduisent à dire. 1°. Que par un Edit de François I. de 1535. tous les Juges d'appels de la Bresse furent supprimez. 2°. Que par l'Article 24. de l'Ordonnance de Roussillon, il est dit qu'il n'y aura qu'un dégré & Siége de Jurisdiction en même Ville Bourg ou Village. 3°. Que l'Article 123. de l'Ordonnance de 1629. enjoint à tous Officiers du Roy de faire observer les Ordonnances concernant la reduction des Justices des Seigneurs à un seul dégré de Jurisdiction.

R' E P O N S E.

On ne sçauroit assez admirer & loüer le zéle, la diligence & l'exactitude insigne des Officiers du Bailliage & Présidial de Bourg, de venir au mois de Février 1727, requerir, & ordonner pour la premiere fois l'execution d'un Edit singulier de 1535. & de l'Ordonnance de Roussillon, deux cents ans après que cet Edit, & cette Ordonnance ont été rendus.

Si ces Officiers ont serieusement crû que le devoir de leurs Charges, les obligeoit de requerir & d'ordonner l'execution de cet Edit singulier, & de cette ordonnance il faut qu'ils avoüent eux-mêmes qu'ils sont bien coupables d'en avoir souffert, autorisé & procuré eux-mêmes l'inexécution pendant un temps aussi énorme.

Au fond, il ne s'agit nullement icy de l'Edit de 1535, ni de l'Ordonnance de Roussillon, non plus que de celle de 1629 : en voicy la preuve qui est aussi victorieuse qu'elle est simple, & sommaire.

1°. Par rapport à l'Edit de 1535, il est vrai que François premier ayant conquis la même année la Bresse & tous les Etats de Savoye, supprima par cet Edit les Juges d'appels de Bresse : mais cet Edit momantané n'a duré qu'autant que la possession de la Conquête, avec laquelle il s'est évanoüi par la Paix de 1559, par laquelle le Duc de Savoye ayant recouvré ses Etats : les Edits & Ordonnances de la France n'y pouvoient plus avoir lieu aussi dès la Paix de 1559, non seulement les Juges d'appels furent rétablis : mais les Ducs de Savoye par toutes le Inféodations & érections de Justice par eux faites depuis 1559, de differentes Terres de dignitez, leur ont accordé le second dégré de Jurisdiction, telles que sont les Comtez de Pont-Deveille, de Chastillon, le Comté de saint Trivier, & les Marquisats de Bagé saint Martin, Miribel, & autres.

2°. A l'égard de l'Ordonnance de Roussillon elle n'a jamais regardé la Bresse, puisqu'elle n'étoit pas sous la domination de la France lors de la promulgation de cette Ordonnance, & quant à celle de 1629, quoique postérieure à la réünion de la Bresse à la Couronne, outre qu'elle n'a jamais eû force de Loy dans le Royaume par la disgrace de son Autheur : l'Article 123, que le Présidial oppose n'a aucun raport aux Juges d'appel de Bresse, puisque cet Article ne fait qu'ordonner l'éxecution de l'Ordonnance de Rousslillon qui n'a jamais regardé la Bresse, ni le Bugey, ces Provinces n'étant pas sous l'obéïssance de la France.

3°. Lors de la réunion de la Bresse, & du Bugey à la Couronne, temps auquel ces Provinces ont été soumises aux Loix & Ordonnances du Royaume ; le Roi par deux Edits consecutifs dûëment enregistrez, a expressement conservé à tous les Seigneurs leur second degré de Jurisdiction, & par consequent l'Ordonnance de Roussillon concernant la réduction des Justices des Seigneurs à un seul degré de jurisdiction : & l'Article 123. de la pretenduë Ordonnance de 1629. qui ne fait qu'ordonner l'exécution de l'Article 24. de celle de Roussillon ne regarde point les Provinces de Bresse & de Bugey, puisque le Roi en réunissant ces deux Provinces à la Couronne, a conservé aux Seigneurs leurs deux degrés de Jurisdiction.

Enfin pour achever de démontrer combien la prétenduë Ordonnance du 20 Février 1727, est nulle & abusive en elle-même par le deffaut de pouvoir des Officiers qui ont eû la témerité de la rendre: Et combien elle est attentatoire à l'autorité Royale de même qu'aux Arrests du Conseil, & du Parlement de Dijon; il n'y a qu'à rappeller sommairement ce qui s'est passé depuis la reünion de la Bresse à la Couronne jusques à present.

En 1612, les Officiers du Bailliage & Présidial firent une premiere tentative pour donner atteinte au second dégré de jurisdiction des Seigneurs; mais elle ne leur réussit pas, car par l'Arrest qu'ils surprirent sur leur simple Requeste le 14 Avril de ladite année, ils ne purent faire ordonner autre chose par le Parlement de Dijon, sinon que les Seigneurs oüys, il seroit fait droit ainsi qu'il appartiendroit.

Comme cet Arrest surpris sur Requeste, portoit que les Officiers du Bailliage & Présidial connoîtroient en premiere instance des matieres possessoires Ecclésiastiques & prophanes, des Contrats reçûs sous le scel Royal des Dations de Tutelle & Curatelles des Nobles, & confection de leurs Inventaires.

Les Seigneurs s'étant pourvus au Conseil de sa Majesté, les Officiers du Bailliage & Présidial presenterent une Requeste sous le nom du tiers Estat, tendante afin de suppression des Juges d'appel: mais par l'Arrest du Conseil qui intervint le 24 Juillet 1615, quoique par forclusion contre les Seigneurs, ils furent maintenus & gardez dans le droit & la possession de leur second degré de jurisdiction.

Voilà l'unique trouble que les Seigneurs ayent jamais reçû; car depuis l'Arrest du 24 Juillet 1615, jusques au mois de Février 1727, tous les Seigneurs ont paisiblement joüi de leur second degré de jurisdiction, qui a été pepetuellement reconnu par le Bailliage & le Présidial, & autorisé du Parlement de Dijon, & en voici la preuve qui n'est pas susceptible de contredits.

Feu M. le Marquis d'Urfé Marquis de Bage, s'étant pourvû au Parlement de Dijon contre les entreprises du Bailliage & Présidial intervint sur leurs productions respectives le 27. Juin 1665. un Arrest solemnel par lequel ce Seigneur fut maintenu, & gardé dans tous ses droits de Jurisdictions ordinaires & d'appel; ce faisant ordonné que les appellations qui seroient émises du Juge d'appel dudit Marquisat de Bage, où il s'agiroit suivant le premier chef de l'Edit des Présidiaux de 250 liv. en principal & de dix livres de rente, & au dessous, seroient rélevées au Présidial de Bourg pour y estre jugées Présidialement, & en dernier ressort, & au regard de toutes les appellations desdits Juges d'appel, même de celles qui seroient au second chef de l'Edit qu'elles ressortiroient directement en ladite Cour de Parlement à Dijon.

Les Officiers du Bailliage & Présidial s'étant pourvûs en cassation au Conseil contre cet Arrest, est intervenu sur productions respectives. Autre Arrest le 13. Septem- 1678. qui a ordonné l'execution de celui du Parlement de Dijon, & condamné ces Officiers en l'amende, & aux dépens.

M. le Vicomte de Tavannes en qualité de Marquis de Miribel a depuis obtenu pareil Arrest, qui l'a maintenu & gardé dans les droits de Justice ordinaire & d'appel dudit Marquisat de Miribel, ce faisant ordonné que les appellations du Juge d'appel dudit Marquisat dans les cas Présidiaux, & au premier chef de l'Edit seroient rélevées au Présidial, & à l'égard de toutes les autres appellations dudit Juge d'appel qu'elles ressortiroient directement au Parlement de Dijon.

M. Bouchu lors Intendant de Bourgogne & Bresse, & Seigneur du Comté de Pont-

Pont-de-Veille passa avec les Officiers du Bailliage & Présidial une Transaction le 29. Septembre 1679. par laquelle pour terminer, & assoupir les differents & contestations qui étoient entre eux au sujet des droits de Justice du Comté de Pont-de-Veille, il fût entr'autre convenu, & stipulé que l'Arrest du Parlement de Dijon du 27 Juin 1665. rendu entre lesdits Officiers & le Seigneur Marquis de Bagé seroit, & demeureroit commun avec M. Bouchu en qualité de Seigneur du Comté de Pont-de-Veille, ce faisant ledit Seigneur maintenu & gardé dans ses droits de Jurisdiction ordinaire & d'appel, & en consequence que les appellations des Sentences du Juge d'appel du Comté de Pont-de-Veille dans les cas Présidiaux, & au premier chef de l'Edit seroient portées au Présidial pour y estre jugées en dernier ressort, & au régard de toutes les autres appellations dudit Juge d'apel qu'elles ressortiroient directement au Parlement de Dijon.

L'Arrest du Conseil du 21. Octobre 1695. quoique surpris sur la simple Requeste non communiquée des Officiers du Bailliage & Présidial, confirme encore le second dégré de Jurisdiction des Seigneurs, puisque ces Officiers ont demandé & fait ordonner *provisoirement*, que les appellations des Sentences des Juges d'appel des Seigneurs ressortiroient au Bailliage ou au Présidial suivant l'exigence des cas.

On dit provisoirement, parce que le Conseil par cet Arrest a formellement jugé qu'il n'entendoit point donner atteinte aux droits de Justice des Seigneurs, ausquels pour cet effet, il reserve la faculté de produire leurs Titres justificatifs de leurs droits pardevant Messieurs les Commissaires, qui sont nommez pour sur la répresentation de leurs Titres leur estre fait droit par Sa Majesté, ainsi qu'il appartiendra.

Enfin le droit de second dégré de Jurisdiction des Seigneurs se trouve soutenu d'une possession publique & paisible de 127. années entieres, & consecutives, & par-là il se trouvé autorisé & confirmé par autant d'Arrests du Parlement de Dijon, qu'il y a eu pendant le cours de ces 127. années d'appellations émises des Sentences des Juges d'appel des Seigneurs, c'est-à-dire par une si grande multitude d'Arrests qu'il ne seroit pas possible de les compter.

Dans ces circonstances, il est invincible que la prétenduë Ordonnance du 20. Février 1727. par laquelle les Officiers du Bailliage & Présidial de Bourg, se sont donné la liberté de faire défenses aux Juges d'appel des Seigneurs de contituer leurs fonctions, est un attentat manifeste à l'autorité Royale, & aux Arrests du Conseil & du Parlement de Dijon, & on peut dire qu'il seroit impossible de rapporter un seul exemple d'un attentat aussi énorme, & aussi caracterisé.

En effet les Officiers du Bailliage & Présidial de Bourg Juges inferieurs & subalternes, en se donnant la liberté de faire défenses aux Juges d'appels de continuer leurs fonctions annéantissent les infeodations, qui contiennent la concession de ce droit de Justice; ils rendent illusoires, & sans effet deux Edits solemnels dûement registrez au Parlement de Dijon qui autorisent, & continuent aux Seigneurs leur second dégré de jurisdiction; ils réforment les Arrests du Conseil, & du Parlement de Dijon, qui ont maintenu, & gardé les Seigneurs dans la possession de ce droit, & qui ont jugé que l'Ordonnance de Roussillon ni celle de 1629. qui en ordonne l'execution ne regardent point la Bresse, & ils blâment la conduite tenuë par le Parlement de Dijon, qui a autorisé l'exercice du second dégré de Jurisdiction des Seigneurs pendant 127. années entieres, & consecutives; y eût il jamais d'exemple d'un attentat aussi formel & aussi digne de réprehension?

Venons à présent aux prétextes particuliers inserez dans la prétenduë Ordonnance du 20. Février 1727.

Par rapport à M. le Marquis d'Entragues, ils consistent à dire que l'inféodation du Comté de Saint Trivier n'a pas été enregistrée au Senat de Chambery. 2°. Que l'érection de cette Terre en Titre & Dignité de Comté, est opposée à l'Edit de 1576 ne produisant pas à peu près neuf mille livres de revenu annuel. 3°. Parce que Charles Emmanuel de Grillet a démembré ce Comté en aliénant les Villages de Tagisset, Marcilliac, le Grand-Bodel, les Mardondons, & les Robins à Monsieur le Président Fyot.

RE'PONSE.

On a cy-devant observé que la premiere inféodation de la Terre & Seigneurie de Saint Trivier, portant érection de cette Terre en Comté a été suivie de trois autres portant confirmation de la premiere.

Ces trois inféodations ont été dûëment registrées & verifiées tant au Senat de Chambery qu'en la Chambre des Comptes de Savoye les dix Février 1576. dix Mars 1582. & 20. Novembre 1583. & par consequent supposition de la part du Bailliage & Présidial de dire que l'inféodation du Comté de Saint Trivier n'a pas été registrée à joindre d'ailleurs, qu'après une possession publique & paisible de plus de 150. années on ne seroit pas recevable a opposer à un proprietaire d'une Terre & Justice, le défaut d'enregistrement du Titre d'inféodation de ladite Terre & Justice, & lui contester sous ce frivole prétexte son état, & sa qualité de même que la dignité, & les prérogatives de sa Terre, & Justice.

Quand à l'Edit du Duc Emmanuel Philibert du dernier Octobre 1576. portant que nul Sujet ne seroit honoré du Titre de Marquis, s'il ne possedoit 15000 liv. de rente, & du Titre de Comte, s'il n'avoit 9000 liv. de rente.

Un pareil Edit n'a jamais regardé le Comté de Saint Trivier par deux raisons sans replique dont la premiere est que cette Terre vaut plus de neuf mille livres de rente, & la seconde que l'érection de la Terre & Seigneurie de St. Trivier en Comté étant anterieure à l'Edit, il ne pourroit jamais regarder cette Terre non plus que toutes les autres dont les érections sont anterieures.

Les Officiers du Bailliage & Présidial de Bourg, qui dans les trois Factums contre M. le Comte de Montrevel dont ils ont gratifié le Public, ont pris tant de peines, & de soin à faire leurs éloges particuliers en voulant faire celui de leur Tribunal, qu'ils disent être composé de Jurisconsultes entierement consommez; ces Officiers ou ces Jurisconsultes ont ils pû ignorer la maxime que la Loy ne regarde que l'avenir, & non le passé, & notamment quand elle n'est pas declaratoire; mais introductive d'un droit nouveau : *Nova constitutio futuris negotiis scripta intelligitur, non præteritis nisi id scriptum sit.*

Au surplus l'Edit du Duc Emmanuel Philibert de 1576. n'a jamais été observé sous la domination des Ducs de Savoye, ainsi que le justifient les érections faites des Marquisats de Treffort, Miribel, Varambon, Saint Martin, & autres posterieurement à cet Edit.

Après les Arrests du Conseil & du Parlement de Dijon rendus en faveur des Marquisats de Bagé & de Miribel, qui produisent à peine le tiers du Revenu fixé par l'Edit de 1576, il y a lieu d'être surpris comment les Officiers du Bailliage & Présidial peuvent avoir la temerité d'opposer un pareil Edit.

Par raport au prétendu démembrement opposé par le Bailliage & le Présidial; on répond que Charles-Emmanüel de Grillet n'a rien démembré du Comté de saint

Trivier, & que l'Acte qu'il a passé avec M. le Président Fyot ne contient aucune aliénation, cet Acte est une Transaction *super lite mota* sur les differents qui étoient entre-eux à l'occasion des Droits de Justice que prétendoit Charles-Emmanuël de Grillet sur les Hameaux de Marillat & du Bordet, appartenant à M. Fyot, laquelle Transaction contient une échange du Droit de jurisdiction, Rentes Nobles, & Dixmes; & ce qui a été cedé par Monsieur le Président Fyot à Charles-Emmanuël de Grillet, & par lui réüni au Comté de saint Trivier, excedoit infiniment ce qui a esté donné en échange à M. le President Fyot : outre que les Dixmes Rentes Nobles & jurisdictions cedées par M. Fyot sont enclavées dans la Terre de saint Trivier & même près la Ville : & il n'est point vrai que la Justice du Village de Tagisset ait esté alienée, Monsieur le Marquis d'Entragues en joüissant comme ses Ancestres ont toûjours fait : Et bien loin que le Comte de saint Trivier ait souffert aucun démembrement, il a été augmenté par les acquisitions des Fiefs du Tramblay & de Chamandray.

Au surplus c'est une proposition érronnée, & absolument contraire à nos mœurs & à nos usages, de dire que le démembrement qu'un Seigneur haut Justicier feroit d'une partie de son territoire le priveroit de ses Droits de justice sur la partie non aliénée, la Justice est individuë, *tota est in toto, & tota in qualibet parte* : Il sera facile aux Seigneurs dont les Terres ont souffert quelques démembremens, de dissiper un sistéme aussi illusoire, qui ne régarde point M. le Marquis d'Entragues : son Comté de saint Trivier, bien loin d'avoir souffert le moindre démembrement, a esté au contraire augmenté de l'acquisition de deux Fiefs.

Enfin a l'égard du dernier prétexte, tiré de l'extinction des illustres Familles, en faveur desquelles les Souverains ont érigé les Terres de Dignitez, & leur ont accordé de si beaux Droits : on ne voit pas comment les Officiers du Bailliage & Présidial ont pû s'oublier jusques au point d'opposer un pareil prétexte à M. le Marquis d'Entragues, qui a l'honneur de descendre en ligne directe par Perronne de Grillet sa Bisayeule; de Marie de Gondy Comtesse de Pantcallier, & de Charles Maximilien de Grillet; en faveur desquels & leurs Successeurs à perpetuité, les Ducs de Savoye Emmanuël Phillibert & Charles Emmanuël, ont infeodé la Terre & Justice de saint Trivier, qu'ils ont érigé en Titre & Dignité de Comté, & lui ont attribué les droits & prérogatives dans la possession & joüissance desquels M. le Marquis d'Entragues, demande avec tant justice d'estre maintenu.

Au surplus les Officiers du Présidial, en opposant l'extinction des anciennes Familles de la Province, & en concluant de-là, que les Droits & Priviléges accordez par les Souverains à ces Familles sont ensevelis avec elles, conviennent par une consequence necessaire qu'ils sont hors d'estat de contester aux Familles, & Maisons qui subsistent, les droits & prérogatives que les Ducs de Savoye ont attribué à leurs Terres & Justices.

Mais il sera bien facile aux autres propriétaires, des Terres de Dignitez, de la Province de dissiper le moyen chimérique que les Officiers du Bailliage & Présidial veulent tirer de l'extinction des Familles; ce qui est une illusion dangereuse, puisque ce seroit faire revivre les anciennes & rigoureuses maximes des Fiefs, qui dans leur origine n'estoient que simples Benefices à vie; dont les Vassaux n'avoient que la nuë joüissance : ce seroit interdire aux Seigneurs la disposition de leurs Terres & Justices, puisque les Droits de Justice ne pourroient pas passer à des Acquereurs comme n'étant pas de la famille en faveur de laquelle la Justice auroit esté Inféodée, ce qui diminueroit du tout au tout le prix des grandes Terres : &

porteroit un préjudice notable à la Nobleſſe lorſque des beſoins, ou des arrangemens de Maiſons, la force d'aliéner des Terres en Juſtice : Il y a pluſieurs ſiécles que de pareilles illuſions ſont reprouvées par nos mœurs & nos uſages, ſuivant leſquels les Fiefs & les Juſtices ſont hereditaires, Patrimoniales, & tombent dans le commerce comme toutes les autres eſpeces de Biens. On ne s'étend pas davantage, parce que le ſiſtême fabuleux du Preſidial ne regarde pas Mr. le Marquis d'Entragues qui tient le Comté de Saint Trivier de ſes illuſtres Ancêtres par droit de ſucceſſion.

Il reſte encore à diſſiper un autre pretexte du Preſidial pour conteſter aux Seigneurs leur ſecond degré de Juriſdiction, qui conſiſte à dire que la Breſſe a toûjours été regie par le Droit Ecrit, qui ne permet pas d'apeller dans une même Cauſe à trois differens Juges, ſuivant la Loy unique au Code, *nè liceat in una eademque cauſa tertio provocare*, D'où les Officiers du Bailliage & Preſidial tirent l'abſurde conſequence que le ſecond degré de Juriſdiction attribué aux Terres de Dignitez de la Province, eſt contraire à la diſpoſition du Droit Romain, & que comme tel on devroit le ſuprimer parce que cela forme quatre degrez de juriſdiction, ce qui eſt très préjudiciable aux Sujets du Roy Juſticiables des Seigneurs.

REPONSE.

On employe d'abord les obſervations faites dans les deux Factums de Monſieur le Comte de Montrevel.

1°. Que dans la Breſſe également comme dans les autres Etats & Provinces le Droit Romain n'y a jamais eû force de Loy que par une Conceſſion particuliere, & ſous le bon plaiſir du Souverain.

2°. Que les Souverains en permettant à leurs Sujets de ſuivre le Droit Romain pour la déciſion de leurs cauſes & conteſtations ne ſe ſont pas eux-mêmes aſſujettis au Droit Romain & qu'au contraire ils ont voulu qu'il n'eût force de Loy, qu'en tant qu'il ne ſe trouveroit pas opoſé à leurs Ordonnances & à leurs Edits.

3°. Que le Souverain eſt le maître abſolu de regler comme bon lui ſemble l'exercice & l'adminiſtration de la Juſtice & de faire des Loix & des Ordonnances entierement contraires aux maximes du Droit Romain.

4°. Que les Souverains ayant reglé la Police & l'adminiſtration de la Juſtice dans leurs Etats, ce ſont les Ordonnances & les Loix particulieres des Souverains qu'il faut conſulter & ſuivre, & non pas les maximes du Droit Romain.

Qu'ainſi dés le moment que par toutes les infeodations des Terres de Dignitez de la Province, les Ducs de Savoye ayant accordé le ſecond degré de Juriſdiction, & que lors de la réunion de la Breſſe & du Bugey à la Couronne, le Roy Henry le Grand par deux Edits dûëment enregiſtrez ayant conſervé & continué à tous les Seigneurs leur ſecond degré de Juriſdiction ; il y a de l'aveuglement & de l'abſurdité de vouloir conteſter ce ſecond degré de Juriſdiction ſous pretexte de la maxime du Droit Romain : *Nè liceat tertio provocare.*

A quoi il faut encore ajoûter par ſurabondance que le faux pretexte dont le Preſidial ſe ſert aujourd'hui pour conteſter le ſecond degré de Juriſdiction des Seigneurs, a été proſcrit & reprouvé par une multitude d'Arrêts du Conſeil & du Parlement de Dijon qui ont maintenu & gardé les Seigneurs dans le droit & la poſſeſſion de leur ſecond degré de juriſdiction, dont le Parlement de Dijon en particulier a autoriſé l'exercice depuis la réunion de la Breſſe à la Couronne juſqu'à preſent, & par

conſequent

conſequent les Officiers du Bailliage & Preſidial ſont trés réprehenſibles de vouloir faire revivre une mauvaiſe conteſtation condamnée ſouverainement depuis plus d'un ſiecle par un ſi grand nombre d'Arreſts. Ces Juriſconſultes peuvent-ils ignorer cette judicieuſe maxime du Droit Romain : *Res judicata pro veritate accipitur, ut ſit aliquis litium finis, & ut actor vel reus certus ſit de jure ſuo, alioqui dubius ſemper futurus*, & cela *propter publicam judiciorum autoritatem*, ce qui a donné lieu aux Interpretes de dire que *judices faciunt de non entè, ens, & de non jure, jus ;* ce qui s'entend des Juges Souverains & de leurs Arreſts.

Comme les Officiers du Bailliage & Preſidial de Bourg ne reconnoiſſent plus l'autorité Souveraine, & Superieure du Conſeil & du Parlement de Dijon, puiſque par leur prétenduë Ordonnance du 20 Février 1727, ils ſe ſont préciſement donné la liberté de réformer & retracter les Arreſts du Conſeil & du Parlement de Dijon, tous rendus avec eux, qui ont expreſſement maintenu, & gardé les Seigneurs dans la poſſeſſion de leur ſecond degré de juriſdiction.

Il faut demontrer que le ſecond degré de juriſdiction attribué aux Seigneurs, n'introduit point quatre degréz de juriſdiction dans la Province; Mais que c'eſt uniquement l'ambition, & l'avidité demeſurée des Officiers du Bailliage & Preſidial de vouloir s'arroger une juriſdiction ſans bornes, & la connoiſſance indéfinie de toutes les appellations des Juges d'Apels des Seigneurs, qui introduit quatre degrez de juriſdictions, au lieu qu'il n'y en a que trois, en ſuivant les Inféodations des Juſtices des Seigneurs : Et l'Edit du mois de Novembre 1601, qui a préciſement fixé le pouvoir & la juriſdiction du Préſidial de Bourg, à la ſeule connoiſſance des Apellations dans les Préſidiaux, & au premier Chef de l'Edit ſeulement.

Ces deux Propoſitions ſe trouvent déja établie par les Obſervations cy-devant faites, il n'y a qu'à les rappeller ſous un ſeul point de vûë.

La Loy générale de toutes les Inféodations des Terres de Dignitez de la Province, avec la conceſſion du ſecond dégré de juriſdiction, eſt qu'elles ne ſont point ſoûmiſes ni ſubordonnées à la juriſdiction ordinaire du Prince, qui ne s'eſt reſervé ſur ces Juſtices que le dernier Reſſort, pour marque de Souveraineté, enſorte qu'en ſuivant les Inféodations, il n'y a & ne peut avoir que trois dégrez de juriſdiction.

Pendant la domination des Ducs de Savoye, il n'y a jamais eû que trois dégrez de Juriſdictions, les Appellations des Juges d'Appels des Seigneurs ont toûjours eſté portées *rectâ viâ*, au Senat de Chambery depuis ſon établiſſement ; & on ne trouvera dans aucun temps que ce ſoit, c'eſt à dire, ſoit avant, ſoit depuis l'établiſſement de Savoye à Chambery aucunes Appellations de Juges d'Appel de Seigneurs qui ayent eſté portés au Tribunal du Juge-mage établi dans la Ville de Bourg, dont la Juriſdiction étoit de même eſpece & qualité que celles des Seigneurs ſur leſquelles les Juges-Mages de Savoye, n'ont jamais eû aucune autorité, parce que jamais ils n'ont été Juges de Reſſort des Juſtices Seigneuriales; le fait eſt conſtant & litteralement prouvé par toutes les inféodations & par la tradition.

C'eſt en cet état que les Provinces de Breſſe & du Bugey ont été réunies à la Couronne, par le Traité de Paix du 17 Janvier 1601, par lequel ces deux Provinces avec leurs Seigneuries, & Juſtices ſont ceddées par le Duc de Savoye Charles Emmanuël, & acceptées par le Roi Henry le Grand en l'état qu'elles étoient ſans y rien innover.

Non ſeulement les Seigneuries & Juſtices ont été cedées & acceptées dans l'état qu'elles étoient ſans y rien innover, puiſque le Duc de Savoye ne pouvoit pas ceder & tranſporter des Droits qui ne lui apartenoient pas ſuivant la régle de Droit

54, *nemo plus juris ad alium transferre poteſt, quam ipſe habet :* Et que le Roi ne pouvoit acquerir que les mêmes Droits qui apartenoient à ſon cédant, ſuivant cette maxime, *talis itaque res tranſit ad eum qui accipit qualis fuit apud eum qui tradidit* : Mais le Roi Henry le Grand, par deux Edits dûement regiſtrés a confirmé aprouvé & autoriſé toutes les Inféodations & érections de juſtices des Seigneurs, leſquelles il veut avoir le même effet, la même force & vertu ſous la domination de la France que ſous celle des Ducs de Savoye, il confirme & continuë le ſecond degré de Juriſdiction, il declare qu'il veut & entend qu'il ne ſoit fait aucun préjudice aux droits, facultez, prérogatives & pouvoirs de Juſtice attribuez aux Comtez, Marquiſats, Baronnies & autres Seigneuries & Dignitez de la Province; & pour trancher en un mot, le Roy déclare qu'il veut & entend que les Juges des Seigneurs connoiſſent des mêmes cauſes, affaires & matieres dont ils connoiſſoient auparavant, & que l'adminiſtration de leurs Juſtices ſoit faite & continuée de la même maniere que ſous l'obéiſſance des Ducs de Savoye.

Le Roy en créant le Bailliage de Breſſe, & en le ſubſtituant au lieu & place du Tribunal des Juges-Mages de Savoye, ne lui attribué uniquement que le même pouvoir, la même Juriſdiction, & la connoiſſance des mêmes Affaires qui apartenoient aux Juges-Mages de Savoye qui n'ont jamais eu aucune Juriſdiction ſur les Juſtices des Seigneurs.

Sur quel fondement donc les Officiers de ce Bailliage pourroient-ils s'arroger la Juriſdiction ſur les Juſtices des Seigneurs, & la connoiſſance des appellations de leurs Juges d'apels; puiſque le Souverain en créant leur Tribunal ne leur a point attribué la Juriſdiction ſur les Seigneurs, & ne les a point établi Juges de Reſſort de leurs Juſtices; & par conſéquent la prétention ambitieuſe de ces Officiers, eſt non-ſeulement contraire à la Loy des inféodations des Juſtices Seigneuriales, mais elle eſt préciſément condamné par la Loy de leur établiſſement, & de leur création qui ne leur a point attribué le Reſſort, & qui a conſervé aux Juſtices des Seigneurs le privilege & la prérogative porté dans leurs inféodations dont ils joüiſſoient ſous la domination de Savoye du dernier reſſort immédiat au Sénat de Chambery.

Par rapport au Siege Préſidial établi dans la Ville de Bourg, outre que l'Edit de ſa création ne contient aucune dérogation aux droits & privileges des Seigneurs, & qu'il n'a été enregiſtré qu'à la charge, & ſous la réſerve *des privileges du pays* : C'eſt que l'attribution en termes vagues & generaux, *à l'inſtar des autres Préſidiaux du Royaume*, énoncée dans cet Edit ſe trouve reſtrainte & limitée par un Edit ſubſéquent donné en interprétation, par lequel le Roy n'attribuë à ce Préſidial que la ſeule connoiſſance des appellations des Juges d'appel des Seigneurs dans les cas Préſidiaux & au premier chef de l'Edit ſeulement, *reſervant ſeulement*, audit Siege Préſidial, (déclare le Roy) *les appellations interjettées des Juges d'apel deſdits Marquis, Comtes, & autres joüiſſants du ſecond degré de Juriſdiction,* EN CE QUI EST DU POUVOIR ABSOLU *dudit Siege Préſidial, & qui n'excedera les ſommes dont il peut diffinitivement décider, & juger ſuivant nos Ordonnances.*

Voilà la Loy que les Officiers du Préſidial de Bourg ont toûjours eu ſoin de diſſimuler, & paſſer ſous ſilence dans tous les Arreſts ſur Requeſte qu'ils ont ſurpris, & de laquelle ils affectent encore aujourd'hui de ne point parler; ils oppoſent ſimplement l'Edit de création de leur Siege à l'inſtar des autres Préſidiaux du Royaume, mais outre que, comme on l'a ſi ſouvent obſervé, cet Edit ne contient aucune dérogation aux droits de qui que ce ſoit, & qu'il n'a eſté enregiſtré qu'à la charge des privileges du pays. Il eſt inſéparable de l'Edit du mois de Novembre 1601. donné en interprétation, & il ne peut avoir effet que relativement à cet Edit interprétatif qui regle, & qui fixe le droit, la Jurisdiction, & le Ressort du Présidial à la simple connoissance des appellations des Justices Seigneuriales dans les cas Présidiaux, & au premier chef de l'Edit seulement.

Mais il ne plaît pas à Messieurs les Officiers du Bailliage & Présidial de se contenter du pouvoir & de la Jurisdiction que le Souverain leur a attribué, ils veulent contre la Loy précise de l'établissement de leurs Siéges, s'arroger une Jurisdiction absoluë sur les Justices des Seigneurs, & la connoissance indéfinie de toutes leurs appellations & voilà ce qui introduit quatre degrez de Jurisdictions; au lieu qu'en suivant la Loy générale des inféodations des Terres de Dignitez. La Loy particuliere de l'établissement du Bailliage & du Siege Présidial, il n'y aura, & ne peut y avoir que trois degrez de Jurisdiction.

Il faut donc en cet état que les Officiers du Bailliage & Présidial, cessent de dire que le second dégré de Jurisdiction attribué aux Seigneurs forme quatre degrez de Jurisdiction, puisqu'il n'en forme & n'en sçauroit réellement former que trois, & que ce sont eux-mêmes qui veulent introduire le quatriéme dégré.

Il faut aussi que ces Officiers cessent de dire que depuis l'établissement du Siege Présidial dans la Ville de Bourg, il n'y avoit plus aucune difficulté sur les appellations des Juges des Seigneurs, & qu'elle se relevoient toutes au Présidial, pour estre jugées Présidialement, ou au Bailliage, pour y estre jugées Bailliagerement suivant l'exigence des cas; puisque, comme on vient de l'établir, le Roy en créant le Bailliage, ne lui a donné aucune Jurisdiction sur les Justices des Seigneurs, & ne l'a point établi Juge de Ressort.

Une réflexion qui se présente naturellement à l'esprit, est que ces Officiers, en disant que depuis l'établissement d'un Siege Présidial dans la Ville de Bourg, il n'y avoit plus aucune difficulté sur les appellations des Juges des Seigneurs, conviennent par consequent que si le Roy n'eût pas honoré la Ville de Bourg d'un Siege Présidial les apellations des Seigneurs ne pourroient point ressortir au Bailliage; parce que par sa création, il n'a point été établi Juge de Ressort, & que le Roy ne lui a attribué aucune Jurisdiction sur les Justices des Terres de Dignitez.

Mais l'établissement du Siege Présidial dans la Ville de Bourg n'a donné aucune atteinte aux droits & prérogatives des Terres de Dignitez; puisque le Roi par un Edit posterieur, a déclaré que par l'établissement du Présidial, il n'avoit point entendu & n'entendoit point diminuer en rien les droits, privileges, facultez, & pouvoirs de Justice attribuez aux Marquis, Comtes, & autres dignitez & Seigneuries de la Province, lesquelles il autorisoit & confirmoit pour avoir le même effet sous son obéïssance, que sous celle des Ducs de Savoye, & qu'il vouloit que l'administration de la Justice des Seigneurs fût faite & continuée ainsi que par le passé; c'est-à-dire, ainsi que sous la domination de Savoye.

Tout le pouvoir & toute la Jursdiction que le Roy attribuë au Présidial est la connoissance des appellations des Seigneurs dans les cas Présidiaux, & au premier chef de l'Edit seulement.

Pourquoi donc ces Officiers veulent ils exceder le pouvoir que le Roy leur a confié, & s'arroger sur les Justices Seigneuriales une Jurisdiction absoluë que le Roy leur a formellement dénié?

Peuvent-ils ignorer que Souverain est le maître absolu de disposer comme bon lui semble de toutes les Jurisdictions, qui n'ont, & ne peuvent prétendre d'autre pouvoir que celui qu'il leur a attribué, c'est ce que leur apprend M. Faure dans sa définition 4. livre 7. tit. 28. n°. 4. où il eſt dit en ces termes : *Nec enim dubitari poterat citra ſacrilegium quin fuiſſet in arbitrio, & poteſtate Principis de Juriſdictione ipſius quoque Senatus pro arbitrio diſponere, cum omnes Juriſdictiones, á voluntate & autoritate Principis dependeant, tanquam á capite & fonte.*

Ainſi il n'eſt pas poſſible de conteſter au Comté de Saint Trivier, non plus qu'aux autres Terres de Dignitez de la Province le ſecond degré de Juriſdiction, puiſque ce Droit éminent de Juſtice eſt nommément attribué par toutes les inféodations ; qu'il a été ſingulierement conſervé par le Roy & reconnu & autoriſé par une multitude innombrable d'Arreſts du Conſeil & du Parlement de Dijon : & qu'enfin les Seigneurs ſe trouvent fondez dans une poſſeſſion plus qu'immémoriale de 127. années entieres & conſecutives, à ne compter que depuis la réunion de la Breſſe & du Bugey à la Couronne.

Il eſt de même impoſſible de conteſter au Comté de St. Trivier le Reſſort immédiat au Parlement de Dijon, puiſque ce droit lui eſt préciſément attribué & que c'eſt la Loi generale de toutes les inféodations des Juſtices de la Breſſe & du Bugey, de n'être point ſoûmiſes à la Juriſdiction ordinaire du Prince.

Par raport aux cauſes des Nobles Reſidans dans le Territoire du Comté de ſaint Trivier Dations de Tutelles & Curatelles deſdits Nobles & confection d'Inventaires des Biens par eux délaiſſez, les Officiers du Bailliage & Preſidial de Bourg n'en peuvent conteſter la connoiſſance aux Officiers du Comté de ſaint Trivier par deux raiſons ſans repliques.

La premiere que par les trois dernieres inféodations du Comté de ſaint Trivier les Nobles-Fiefs & Arriere-Fiefs, ont été inféodez.

La ſeconde eſt que de droit commun ſans qu'il ſoit beſoin d'une conceſſion particuliere par l'inféodation de la Juſtice, les Nobles ſont juſticiables des Seigneurs hauts Juſticiers, dans les Terres deſquels ils ſont leur reſidence.

Cette maxime eſt univerſellement atteſtée par tous les auteurs qui ont écrit ſur cette matiere, & qui ne doivent pas eſtre ſuſpects aux Officiers du Bailliage & Preſidial, puiſque tous ces auteurs ſont des Juges Royaux, on en a cité la plus grande partie dans le premier Factum de Mr. le Comte de Montrevel, c'eſt pourquoi on ne les raportera point ici.

Cette maxime ſe trouve conſacrée par une Juriſprudence conſtante, & uniforme d'Arreſts reſpectables qui ont conſervé aux Seigneurs la Juriſdiction ſur les Nobles de leur Territoire, chaque foi que la queſtion s'eſt préſentée.

D'une multitude infinie d'Arreſts que l'on pourroit citer ; on ſe contentera d'en rapporter un récemment rendu au Parlement de Paris le 6 Avril 1716. entre Dame Marie-Anne de Vinciel, Veuve du ſieur Renaud, Commiſſaire des Guerres Dame de la Terre & Seigneurie de Salſongne, & Meſſieurs les Officiers du Bailliage & Préſidial de Soiſſons, dont voici l'eſpece.

Après la mort de Magdeleine Delfaut, Epouſe de Theodore le Roy Ecuyer ſieur Daquet, ancien Maréchal des logis de la Garde du Roy, Réſident dans le Territoire de la Juſtice de Salſongne; les Officiers du Bailliage & Préſidial de Soiſſons ſur le Requiſitoire du ſieur le Roy, apposerent les Scellez ſur les meubles & effets délaiſſez par ladite Dame Madeleine Delfaut ; les Officiers de la Juſtice de Salſongne apposerent auſſi leurs Scellez, le 4 Mars 1712. Sentence du Bailliage de Soiſſons qui fait main-levée au ſieur le Roi du Scellé apposé à ſa Requeſte, icelui préalablement reconnu par le Commiſſaire aux Inventaires en préſence du Procureur du Roy : enſemble du Scellé apposé par les Officiers de la Juſtice de Salſongne,

ſongne, lequel ſeroit levé en leur préſence, ou eux dûëment appellez.

Sur l'appel interjetté de cette Sentente par la Dame de Vinciel en qualité de Dame de Salſongne, & par ſes Officiers de Juſtice, Arrêt ledit jour 16. Avril 1716. au rapport de M. Mainguy, qui maintient & garde ladite Dame de Salſongne & ſes Officiers dans le droit de Juſtice, haute, moyenne & baſſe, ſur tous les Sujets de ladite Terre Nobles & Roturiers, & dans le droit d'appoſition de levées de ſcellez & confection d'Inventaires; fait défenſes aux Officiers du Bailliage & Préſidial de Soiſſons de les y troubler, condamne leſdits Officiers de rendre & payer auſdits Officiers de ladite Juſtice de Salſongne les droits & émoluments qu'ils avoient perçûs pour la levée des ſcellez, & Inventaire fait après la mort de ladite Dame Madelaine Delfaut, & les condamne en outre en tous les dépens; on produit un exemplaire imprimé de cet Arreſt, ce que l'on ne fait que par ſurabondance, parce que de droit commun les Nobles ſont juſticiables des Seigneurs hauts Juſticiers dans les Terres, deſquels ils ont leur reſidence ſans qu'il ſoit beſoin d'une conceſſion particuliere par l'infeodation de la Juſtice, & la raiſon eſt que l'érection d'une Juſtice emporte en elle même puiſſance publique ſur toutes les perſonnes du Territoire, & c'eſt à cauſe de cette puiſſance publique, que comme l'a judicieuſement remarqué Loyſeau, quoique le terme de ſujet ne convienne dans ſon étroite ſignification qu'envers le Roy en tant que c'eſt dans lui ſeul que reſide la Seigneurie, & puiſſance publique en proprieté, néanmoins comme par l'érection d'une Juſtice, il communique ſa puiſſance publique aux Seigneurs hauts Juſticiers; le terme, ou le mot de ſujet eſt auſſi refferé aux Seigneurs hauts Juſticiers, parce qu'ils repreſentent & tiennent la place du Roy dans leurs Territoires & leurs Juſtices, *ſubditi eſtote regi tanquam præcellenti, & ducibus tanquam ab eo miſſis.*

Quand aux matieres poſſeſſoires, aux actions procedantes des Contrats paſſez ſous le ſcel Royal, & aux diſcutions génerales on ne craint point que les Officiers du Bailliage & Préſidial de Bourg, en puiſſent conteſter la connoiſſance aux Officiers du Comté de Saint Trivier, non plus qu'aux autres Seigneurs hauts Juſticiers, parce que outre que les infeodations du Comté de Saint Trivier de même que les infeodations des autres Terres de la Breſſe & du Bugey, contiennent expreſſement la connoiſſance de toutes cauſes, affaires & matieres ſans aucune reſerve ni reſtriction, & que par icelles le Souverain s'eſt dépoüillé de toute ſa Juſtice ordinaire & primitive, ſans autre reſerve que la Souveraineté & le dernier reſſort, c'eſt que de droit commun la connoiſſance de toutes les matieres cy-deſſus appartient aux Seigneurs hauts Juſticiers.

Comme ſuivant la Requeſte inſerée dans l'Arreſt du Conſeil du 21. Juillet 1727. qui a ordonné la répreſentation des Titres entre les mains de M. l'Intendant, les Officiers du Bailliage, & Préſidial de Bourg ne conteſtent uniquement que le ſecond dégré de Juriſdiction, il y a lieu de ſe flâter qu'ils reduiront la conteſtation à ce ſeul point, & au reſſort immediat au Parlement de Dijon dans les cas non Préſidiaux, & au premier chef de l'Edit, c'eſt pourquoy on ſe contente d'employer icy les obſervations faites dans les deux Factums de M. le Comte de Montrevel concernant les autres chefs, qu'ils conteſtent ſi temerairement à ce Seigneur, ainſi qu'il la démontré avec tant d'évidence.

Si ces Officiers, après la communication des Titres de M. le Marquis d'Entragues ſe donnent la liberté de lui conteſter la connoiſſance des affaires, & matieres cy deſſus expliquées, la deffenſe de M. le Marquis d'Entragues ſera bien facile: on attend avec impatience leurs réponſes ſur les titres de Juſtice à eux communiquez.

Mais comment ces Officiers pourroient-ils contester à M. le Marquis d'Entragues, non-plus qu'aux autres Seigneurs les droits de leurs Justices, eux qui en tant qu'Officiers du Bailliage sont sans Jurisdiction, & sans autorité sur les Justices Seigneuriales, & qui en tant qu'Officiers du Siege Présidial n'ont que la simple connoissance des Appellations dans les matieres au premier chef de l'Edit seulement.

Il faut donc reduire, & contenir ces Officiers dans les bornes du pouvoir que le Roy leur a attribué, & suivre à la lettre la Loy de leur établissement, également comme la Loy generale des inféodations des Justices des Seigneurs, sans souffrir que ces Officiers contreviennent ni donnent la moindre atteinte à l'une, ni à l'autre de ces deux Loix, *ne indè injuriarum nascatur occasio, unde jura nascuntur, l. 6. codice unde vi*, & c'est icy le cas de faire usage de la judicieuse remarque du celebre Jurisconsulte, Me Charles Dumoulin, par laquelle on finit. *Omnis Jurisdictio debet remanere, & exerceri præcise in illis terminis, in quibus concessa fuit à Principe.*

Me ROBERT, Avocat.

www.ingramcontent.com/pod-product-compliance
Lightning Source LLC
LaVergne TN
LVHW052021160826
845678LV00003B/1158

* 9 7 8 2 3 2 9 6 3 4 7 9 1 *